# ENDORMIE OU EN PRIERE ?

MIXTE
Papier issu de sources responsables
Paper from responsible sources
FSC® C105338

MOÏSE SEKONGO

# ENDORMIE
# OU
# EN PRIERE ?

© 2022 Moïse SEKONGO

Édition : BoD - Books on Demand, info@bod.fr

Impression: BoD - Books on Demand, In de Tarpen 42, Norderstedt (Allemagne)

Impression à la demande

Mise en page : Salomé ABA

Couverture : Herman GUEFIE

ISBN : 978-2-3224-6837-9

Dépôt légal : Février 2023

## REMERCIEMENTS

C'est avec beaucoup de respect et de révérence que je dis merci à Dieu qui m'a inspiré cette œuvre.

A LUI toute la gloire !

Amoureusement merci à ma précieuse épouse. Á chaque étape, ton appui multiforme ne m'a jamais fait défaut.

J'exprime aussi ma gratitude à Modeste Ouattara pour tous les efforts consentis. Son Excellence, Merci ! Tu es un « Aaron » pour moi.

Spécial merci à Yves Prigent, un poète pétri de talents et soucieux de faire avancer l'œuvre de Dieu par les écrits poétiques. Merci cher aîné !

Grand merci au pasteur Dago Simon pour son accompagnement spirituel.

Merci à tous ceux qui ont contribué à la réalisation de ce projet d'écriture.

Que Dieu vous bénisse au Nom de Jésus-Christ !

## PROPOS PRELIMINAIRES

« Endormie ou en Prière ? », un ouvrage inspiré de DIEU, un véritable chef d'œuvre. Du premier poème au dernier, nous sommes emportés dans un temps de prière, de repentance et d'adoration. Plus qu'un ouvrage, c'est un excellent outil de méditation et de communion avec DIEU.

Cet ouvrage est destiné à l'église, au pasteur, au serviteur de Dieu, au chrétien, à l'homme de lettres, à l'étudiant, etc.

« Endormie ou en Prière ? » de mon ami et frère Moïse SEKONGO se soumet aux règles de versifications, de formes et de rimes.

Cet ouvrage est aussi un coach de vie, il vous conduira à prendre courage dans les moments d'épreuves et de doutes, il vous aidera à fixer les yeux sur Dieu et à prendre des forces pour réaliser votre merveilleuse destinée.

Cet ouvrage vous permettra de mieux comprendre le silence de Dieu à certaines périodes de votre vie et surtout à adopter la bonne attitude.

Cet excellent ouvrage vous aidera surtout à vous reconnecter au Saint Esprit afin de vous préparer à la rencontre de notre Seigneur Jésus, dont le retour est proche.

Êtes-vous endormi(e) ou en prière ?

Cher(ère) lecteur(rice), je vous recommande sincèrement cette œuvre inspirée de Dieu. Je suis certain que chacun des poèmes vous conduira dans une intimité avec Dieu et vous fera énormément de bien.

Maranatha (מרנא תא) !

**Modeste OUATTARA**

**Juriste International – Auteur**

## PREFACE

Cette œuvre est le résultat du travail d'un fils brillant, talentueux et sérieux dans la foi en Christ Jésus.

Elle constitue certainement l'un des plus beaux recueils écrit de nos jours.

Je l'appelle des « rangées de perles de la littérature moderne ». Cet outil est non seulement un outil de réflexion et de référence pour les librairies, les bibliothèques, les instituts de formation, mais également un support de culture générale pour toutes les couches de la société.

Je vous recommande vivement cette œuvre de l'esprit, de source divine pour votre instruction à salut.

Très bonne méditation !

**Simon DAGO**
**Pasteur de l'église évangélique**
**Assemblées de Dieu de Côte d'Ivoire**

## **NOTE AUX LECTEURS**

Les titres ayant l'icône ci-contre 🔊 ont été déclamés sur support audio.

## ENDORMIE

Le cortège nuptial tarde, elle baisse la garde.
À genoux,
    [les joues entre les paumes réchauffées ;
Accoudée, les lourdes paupières refermées ;
La fiancée épuisée,
    [en attente de l'époux qui tarde.

Posture de prière or bien endormie !
Posture d'attente or frappée d'inconscience !
Belle apparence pourtant en décadence !
En prière ? Non ! Endormie ? Oui !

Sa robe naguère scintillante et propre.
À présent, sans éclat et malpropre.
Sa demeure jadis bien ordonnée et parfumée.
À présent, en vrac et humidifiée par la suée.

À toutes les tables,
    [elle mange de tout comme affamée.
Artistement taillant
    [dans sa chair une exogène emblème.
Tristement modifiant
    [le style de sa robe de mariée.
À tous égards,
    [spoliée de tout comme une bohème.

La belle fiancée fatiguée, souillée et alourdie !
Elle est endormie au milieu de divers compromis.
Or, l'époux revient comme un voleur.
Prenez garde ! Nul ne sait ni le jour ni l'heure.

# LE SERVITEUR DE DIEU

## **LA VIE D'UN SERVITEUR DE DIEU**

La vie d'un fils de DIEU, la vie d'un pasteur !
Avant la naissance
    [jusqu'à l'ultime souffle terrestre.
Ses voyages, ses retraites
    [et ses tournées pédestres.
Ses succès et échecs... ses doutes et ses peurs.


La vie d'un fils... la vie d'un serviteur de DIEU !
Du berceau jusqu'à son départ pour les cieux ;
L'orgueil subtil,
    [le péché caché... DIEU sait et l'en délivre ;
Les douleurs, les handicaps... avec lesquels vivre.


Ses sermons, ses rencontres, ses tentations.
Ses faibles forces publiques
    [et ses fortes faiblesses cachées.
DIEU, son épouse,
    [ses enfants, sa chaire, sa congrégation.
Un fils, un époux,
    [un père, un serviteur, un berger.

Dieu sait quand il s'assied,
                    [se lève, ou qu'il s'endorme.
Dieu sait quand il naît et de qui il naît.
De son cri de berceau jusqu'à ce qu'il s'endorme
Dieu l'appelle, le connaît, le conduit et le paît.

                                        Alléluia !

## TA PREMIERE EGLISE : TA FAMILLE

Un berger paissant les brebis d'autrui ;
c'est bien !
Si les siennes sont dispersées ; tout autre effort
est vain.
Celui qui ne s'occupe pas des siens est pire
qu'un païen.
La validité de sa vocation dépend des soins
aux siens.


L'onction attire, son parfum se répand.
Des foules l'inhalent et accourent jusqu'à l'oint.
Le besoin croissant créé le manque de temps.
Petit à petit, on s'éloigne du parvis... et bien loin !


Plus de temps pour la prière en famille,
Milles et une réunions attendent.
Plus de temps pour les sorties en famille,
Plusieurs conventions, de lui, dépendent.


Un visionnaire encourageant à prier.
Or, il passe peu de temps dans la prière.
Il dit : « qui ne médite, sa vie spirituelle s'arrête ».
Or, tous ses sermons sont inspirés d'internet.

Avant d'être pasteur, tu es fils de Dieu.
Avant d'être berger, tu es petit-christ.
Dieu sait tes défis et Il sait que tu existes.
Cours à ses pieds pour te ressourcer.

Étanche la soif du fruit de tes entrailles.
Repositionne et soigne ta côte, à deux.
Ôte la poutre de tes yeux,
Et avec aisance, tu ôteras des yeux d'autrui
[la paille.

Cette église, la première confiée par DIEU,
ton Père !

# LES EPREUVES

## **LE TEMPS DE DIEU** 🔊

Omnipotent !
Maître des temps et Maître des circonstances !

Il fait toute chose bonne en son temps.
Les épreuves et les temps d'allégresse ;
Les ascensions ou lorsqu'on régresse ;
Tout, entre les mains du Tout-puissant.

Les vécus parlent plus forts que les sermons.


Joseph, à la seconde dignité après le pharaon.
Devant sa face,
      [ses frères tremblants demandent pardon.
En pleurs, il agrée et prêche qu'il fut la rançon.
Joseph, à l'école du Seigneur !

Les vécus parlent plus forts que les sermons.


Comme joueur de harpe,
      [David entre dans le Palais.
C'est ainsi qu'il prospecte le palais.
Berger, Joueur de harpe, Soldat, Roi d'Israël !
Le long du parcours, rien n'échappe à l'Eternel.

Le Maître des Temps et des Circonstances
Appelle chaque circonstance à l'existence.
Notre existence sert ainsi pour sa Gloire.
Notre rôle ; seulement et aveuglement y croire !

Lorsqu'on murmure, on dure dans le désert.

Lorsqu'on murmure, on attire sa colère.
Serrons le cœur et les lèvres, lorsque tout va mal.
Parlons à Dieu ouvertement de notre mal.

*« Toutes choses concourent au bien de ceux qui aiment DIEU, de ceux qui sont appelés selon son dessein »*
*Romains 8 : 28*

## A L'ECOLE DU SEIGNEUR 🔊

Nos silences sans prières audibles.
Les pesants fardeaux qui nous mettent à
            [genoux ;
Posture idéale pour implorer Dieu.
À l'école du Seigneur !

Les épreuves et les temps de bonheur !
Les moments de doutes,
            [les temps qu'on redoute.
En apparence sinueuse,
            [pourtant une voie si droite.
Aux yeux du Seigneur !

À l'école du Seigneur, se forgent des ministères.
À l'école du Seigneur, s'aiguisent des talents.
Plus sensible à la voix du Père,
On marche par la foi et non par la vue.

On n'est plus diseurs-de-versets,
Avec tremblement, on en discerne le vrai sens.
A l'école du Seigneur, on apprend à ses pieds.
A l'école du Seigneur, on se prépare à servir Dieu.

Non !
Pas seulement par les sermons éloquents.
Pas seulement par les conseillers éloquents.
Pas seulement par les conseils des coachs doués.

Oui !
Aussi par l'école du Seigneur.
Lui et nous, là où tout est à nu et su.
Là où on est vrai, d'où on en ressort plus frais.

# LE SILENCE DE DIEU

## DANS LE SILENCE 🔊

Le Seigneur semble souvent si éloigné
En haut, en retrait, quelque part dans l'infini.
Le Sauveur semble souvent si désintéressé
Plus rien à espérer, tout semble fini...

Les ennemis lancent contre nous des railleries.
Les proches naguère,
        [à présent nous faussent compagnie.
Dieu si loin et si proche à la fois.
Dieu autour de nous et en nous à la fois !

DIEU, ton nom prend donc tout son sens.
Et les cantiques sur la Foi,
        [prennent tous leurs sens.
Nous n'avons que toi, Seigneur et Sauveur !

Halte les doctrines de la Foi sans la croix !
Halte *les diseurs-de-versets* sans expériences !
Dans ces épreuves,
Notre vœu, suivre le Seigneur, le Roi des rois

## DIEU DANS LE SILENCE 🔊

Entre Malachie et Matthieu, une page blanche.
Page blanche qui cristallise le silence de DIEU.
Silence qui n'est point synonyme d'absence.
Son sens loge dans l'omniscience de DIEU.

Dans chaque vie, il y a des temps de silence.
Silence ! DIEU parle dans le silence !
Dans ces temps de silence, garde le silence !
La souveraineté de DIEU
    [prend tout son sens... dans son silence.

Dans beaucoup de paroles,
    [se vante la démence.
Dans les temps de son silence, garde le silence !
Espère en DIEU qui peut faire tout quand il veut.

Dans les épreuves, réfléchis,
    [écoute dans le silence.
Ecoute !... DIEU parle dans le silence !
Cesse les murmures,
    [ainsi tu l'entends des cieux.

Silence ! Patience ! Délivrance ! Réjouissance !
Salut !

# DANS LA SYNAGOGUE

## LE CULTE DES MUSES

Le fier doigté chatouille le docile piano.
Les mains percutent les bruyantes cymbales.
Les cordes pincées
        [se plaignent « bassement » et en solo.
L'humilité est bruyamment expulsée de la salle.

La sueur colle la robe à la silhouette sirupeuse.
Les vibrations du corps soignent le faux croyant.
La danseuse se déhanche en voluptueuse.
La pudeur,
        [expulsée de force par ces faux croyants.

Le chanteur hors-grade célébré par ces fans.
Il ouvre la bouche et on tombe en transe.
Esseulé ; il sait qu'il y a besoin de repentance.
Ainsi, dans la fausse humilité
                [se glorifie l'arrogance.

Divisé-regroupé, un groupe cherchant la gloire.
Hier dans le bar, ce jour dans le temple.
Hier dans le bar, si rien n'est fait, demain à la barre.
Où sont ceux qui adorent Dieu en esprit et en vérité ?

## RASSEMBLEMENT HEBDOMADAIRE

C'est dimanche ; jour de culte.
Endimanchés, ils rejoignent leurs lieux de culte.

Demandons pardon à … !

Chacun criant à tue-tête, postillonne ses plus
 [proches.
Ils se répètent et serinent des phrases accroches.
De tout, ils ne font point mention de ce qui souille
 [en vrai.
Ecoutons la Parole de … !

Plutôt des cours magistraux de stimuli émotifs !
Ils prêchent la foi sans la croix…
L'assemblée enivrée rote des « amen » émotifs.

Adorons le… !

Le tour des experts de la séduction sur scène.
Convaincus de ne plus souffrir, plus de peines
Ils se trémoussent tentant de rattraper le monde.

Apportons nos dîmes et offrandes à… !

Plutôt *les actions prophétiques*
 [qui boursoufflent le prophète !
Les arnaques spirituelles
 [spoliant les pauvres, creusant leurs dettes.
Un paganisme nouveau qui irrite Dieu !

## CELLES QUI FONT TOMBER LES ROIS

Une vashti, bruyante et attirante toujours
                [en fête.
Elle fait l'impensable, elle a perdu la tête.
La tutrice béatrice, qui pourtant attriste
                [son époux le roi.
Pesée dans la balance des reines, elle ne fait plus
                [le poids.


Une fille d'Hérodias qui invente
                [les nouvelles danses.
Avec indécence, elle déhanche et dérange
                [l'assistance.
La princesse béatrice, qui pourtant alcoolise
                [la préscience du roi.
De son souhait criminel, elle étouffe la voix
                [qui crie dans le désert.


Une « jézabel », rebelle à la voix de l'Eternel.
Elle fait fi de la voix thischbite et par elle le peuple
                [périt.
La reine supplice qui détruit l'alliance du roi.
Détourne ton regard de celle qui est étrangère à
la loi de notre Seigneur, le Roi des rois.

Une servante ayant un esprit de python
                        [qui imite...
Une belle et zélée mise à part ayant tous les dons.
Plus zélée que son maître franchissant toutes
                        [les limites.
L'une d'entre elles est infranchissable ; celle que
                        [trace les serviteurs de DIEU

# L'ÉPÉE VIVANTE

## LA PAROLE DE DIEU

Dieu, Lui-même, l'a souverainement insufflée.
Insufflée en quarante hommes de diverses
                [époques.
Elle traverse les âges sans qu'un iota ne tombe.
La Parole de Dieu est éternelle, vivante
                [et efficace.

Des héros et dignités la combattirent ici-bas
                [sur terre.
De la terre jusqu'aux cieux, elle durera toujours.
Toujours avec nous dans nos cœurs ici-bas
                [sur terre.
La terre passera, mais elle subsistera toujours !

La Parole de Dieu est l'épée suprême invincible.
Celle que redoutent satan et son royaume
                [invisible.
Comme toujours, ils peuvent nous prendre pour
                [cible.
Toujours plus que vainqueurs nous sommes,
                [avec la Bible.

De la Genèse à l'Apocalypse, que le « moi »
                [s'éclipse.
Que l'Esprit Saint parle au cœur, sol arable.
Pour bénéficier de ses trésors inestimables,
Que les voix du levain et du sanhédrin
                [s'éclipsent.

La Parole de Dieu opère des miracles.
La Parole de Dieu révèle ses oracles.
Si aujourd'hui, on la dépasse,
                        [demain on trépasse.
Si aujourd'hui, des cœurs on l'efface,
                        [demain on trépasse.

As-tu une copie physique ou numérique ?
Commence à la lire et à la méditer.
Le Saint-Esprit t'inculquera des leçons bibliques.
Et peu à peu,
           [elle pénètrera le cœur pour l'éternité.

## LE LABOUREUR-SEMEUR

Un laboureur-semeur sortit pour labourer et
 [semer.
Des terres insécables et d'autres bien arables.
Le long du chemin, des grains tombent, tombés,
 [à la merci des oiseaux-voleurs.
Tels les cœurs sans défense, desquels l'ennemi
 [ôte la bonne semence.

D'autres tombent sur et entre les pierres.
Aussitôt levés, aussitôt asséchés !
Tels les cœurs en pierre où la Parole ne
 [prospère.

Certains tombent entrent les épines folles.
Ils se lèvent bien vite et sont très vite étouffés.
Les soucis et les doutes qu'on redoute étouffent
 [en nous, la Parole.

D'autres heureusement trouvent de la bonne terre.
Ils se lèvent, prospèrent et portent du fruit.
Sa semence sert à ensemencer d'autres terres.
Telle est la vie de ceux en Christ ;
 [Portant du fruit au centuple toutes leurs vies.

# FOI ET SCIENCE

## INSTRUMENTS STRATEGIQUES POUR JESUS-CHRIST 🔊

Le bâtonnier, le batelier... ont été tous bacheliers.
Le président, l'enseignant ont tous été étudiants.
Les influents, les orateurs percutants
        [quelque part, ont été apprenants.
Nul ne doute de la centralité de l'université
        [dans la société.

L'université ; l'univers des cités, la cité
        [des adversités.
L'université ; en cité les perversités sont
        [par moment multipliées.

Les sectes foisonnent,
le sécularisme empoisonne.
Les ordres mystiques recrutent,
la foi de plusieurs culbute.

L'université, la matrice de toutes les spécialités.
L'université, l'actrice-leader des faiseurs
        [de leaders.
L'université, le think-tank[1] pour les projets
        [de société.
L'université, le mind-builder[2] des férus penseurs.

---

[1] Laboratoire d'idées
[2] Expression usée par l'auteur pour dire « un instrument servant à développer le raisonnement et à ouvrir l'esprit »

Le conformisme refroidit et rouille les canaux.
Le légalisme endurcit et brouille les canaux.
Le dénominationalisme efface et souille l'unité.
Le sécularisme menace et fouille notre liberté.

C'est aussi là que Dieu place ses missionnaires.
Etudiants, agents et enseignants universitaires,
        [tous disciples de Christ.
Qui ôterait les apprenants des plans de satan
        [pour Christ ?
Du haut de votre statut, il vous incombe d'apporter le message du salut.

La lumière qui éclaire ces aires universitaires.
Taire et traire ces vers pervers de ces aires
        [universitaires.
Etudiant à l'université,
Missionnaire dans l'université.

Dans ce milieu, à la fois stratégique
        [et dialectique.
Allez et faites des universitaires des disciples
        [de Christ.
C'est une passion, une mission.
Il y a besoin d'une action.
C'est notre grande commission.

## A L'UNIVERSITE DE BABYLONE

Daniel et ses amis à l'université de Babylone.
La science et la littérature au programme ;
[celles de Babylone.
Tels les fils et filles de Dieu aujourd'hui
[à l'université.
Certaines matières très utiles et d'autres qui
[s'opposent à la Foi.

...Pour ce faire, ne point se laisser
asservir par quoique ce soit.

Daniel et ses amis refusent les mets sacrifiés
[aux idoles.
Ils optent pour la frugalité en vue de se sanctifier.
Telle la vie en cité requiert des privations.
Si c'est l'option pour se sanctifier.

...Traiter durement son corps et le tenir
assujetti afin de ne pas être rejeté.

Daniel et ses amis font trois années d'études.
Des études de qualité ayant Dieu au centre.
Tels les apprenants-croyants joignant foi
[et études.
Reconnu meilleur portant notre foi plus haut.

...Que nous fassions quelque autre chose,
faire tout pour la gloire de Dieu.

Daniel et ses amis, évalués par le roi lui-même.
Employés dans le palais du roi,
Ils demeurent dans la foi.

Hier étudiants, à présent professionnels.
Mais, toujours chrétiens à la gloire de l'Éternel.
Foi et science attelées ensemble.

> ...Mais nous, rien ne nous séparera de
> l'Amour de notre Dieu !

# LA SÉDUCTION

## **TOUT COMMENCE PAR UN SOURIRE** 🔊

La collaboratrice qui sait garder le sourire,
[le faux.
Elle dépose, à la porte, ses soucis avant d'entrer
[au bureau.
Le beau gosse ; sinon le beau boss entre chargé
[de trop.
La collaboratrice le sait, elle le connaît de trop.

Une voix intelligible à peine, qui parle
[droitement au cœur.
Petit à petit on se rapproche, l'attention
[décroche.
Les comparaisons naissent, et à grand pas,
[l'adultère approche.
Á ce stade, tous deux savent que la fin
[approche !

Ensuite, on passe aux afterworks à deux.
L'adultère commence par un sourire entre deux.
C'est ainsi que le feu déborde du foyer.
Un incendie qui à coup sûr brûle le foyer.

Lorsque tout débute, vous le savez.
Une femme, un homme convoité,
[c'est un adultère.
Matthieu cinq ; vingt-huit, sachez-le !
Résistez à l'ennemi et fuyez l'adultère !

Vous allez un peu trop loin !
Et, personne d'autre que vous ne le savez.
Pas à pas, vous vous éloignez de la maison d'ABBA !

C'est ici la voie retour qu'on nomme « croire ».

Confessez-vous !
Repentez-vous !
Oubliez-le/la !
Immunisez-vous avec la Bible, la Prière et l'Eglise !
Ressaisissez-vous !
Engagez-vous !

                                        Oui ! Croire en DIEU !

## **MIEL AMER**

Miel sur la langue, fiel dans la panse.
Sucre pour attirer les mouches,
Colle pour retenir les mouches.
Miel sur la langue, fiel dans la panse.

Distraction, Séduction, Attraction, Inattention,
Chute.
Chute, Impénitence, Insouciance, complaisance,
Addiction.
Addiction, reniement, endurcissement,
extinction.

De là où vous êtes, repentez-vous, et vous c'est toi.
N'entendez-vous pas sa voix ?
Par amour pour toi et pour moi,
          [il alla volontairement à la croix.
Son sang versé pour vous et pour moi
          [Jésus Christ le Roi des rois.

Retirez votre pas... n'allez pas à ce péché.
Le plaisir en est l'appât.
Mais, si vous goutez, c'est le trépas.
Détruire est l'objectif camouflé.

Miel sur la langue, fiel dans la panse.
Sucre pour attirer les mouches,
Colle pour retenir les mouches.
Miel sur la langue, fiel dans la panse.

Retirez votre pas… n'allez pas à ce péché.
Le plaisir en est l'appât.
Mais, si vous goutez, c'est le trépas.
Détruire est l'objectif camouflé.

Criez à Christ ! Priez !
Confiez-vous à Christ et vous vivrez.
Faites-le maintenant, partout il est présent.

## APPARENCE TROMPEUSE

Propre dehors, sale dedans.
Gentil à l'extérieur et mauvais à l'intérieur.
Sourire aux lèvres, et ire dans le cœur.
Philanthrope dans les mains, malin au-dedans.

Distributeur automatique de billets de banque.
Consommateur d'argent sale et chef de gang.
Qui trompez-vous ?
    Les hommes peut-être et non Dieu.
Repentez-vous...
    Sinon, vous tremblerez un jour devant Dieu.

Accumulateur de versets et bien récités.
Bon diseur de versets, où sont-ils dans votre vie ?
Trompeur des masses,
  [repentez-vous et vous aurez accès à la vie.
L'éloquence,
  [sans la présence de l'Esprit de Dieu est vanité.

Maquillage et pur simple mirage !
Marle qui parle encore dehors et encore !
La multi-multiplicité des paroles ;
  [est-ce cela votre rôle ?
Mettez un mors à votre bouche et devenez sage !

## DIVIN ET DEVIN 🔊

À la recherche du divin,
Il est descendu chez le devin.
À la recherche du pouvoir,
Il dit à l'intégrité : « aurevoir ».

À force de faire le malin,
Tombé(e) entre les mains du malin.
Au lieu de les amener à croire,
Il crée un mouroir.

Au lieu de l'effusion de l'Esprit-Saint,
Une main magique.
Au lieu de l'humilité,
Il se laisse dompter par le dédain.

Il s'imbibe de discours de motivation,
Au lieu des préceptes bibliques.
À la recherche du divin,
Il est descendu chez le devin.

Tomber bien bas perdant tous ses honneurs,
Tomber si bas perdant toutes ses valeurs,
S'écraser avec une telle violence,
L'avertissement à user de la prudence.

Seigneur, donnes-lui la force de Samson !
Qu'il se lève encore une fois
           [afin de glorifier ton Nom !
Dieu, donnes-lui la sagesse de Salomon !
Qu'il se relève, qu'il témoigne auprès
           [de ceux qui viendront !

## PIEGES A TES PORTES 🔊

Passer les paroles dans le four de l'esprit vif
[qui avise.
Et, on en ressort des délices religieusement
[partagés.
Tu parles bien, si bien que tous écoutent lorsque
[tu poétises.
Demeures dans le consentement
[du Tout-Puissant.
Fuis les compliments outrés.


Toujours en quête de nouvelles connaissances
[sur Dieu.
Cependant, privilégie ta nouvelle naissance
[et ne pratique point le péché.
Les phylactères et la position dans le sanhédrin
[ne couvrent point le péché.
Donne ta vie à Christ et tu vivras avec Dieu.


Beaucoup de temps passé avec le sexe opposé.
Les raisons sont aussi diverses que la singularité
[des hommes.
Il y en a deux initialement confidents
[devenus par la suite amants.
Eloignes-toi dès que tu peux de peur de chuter.

Les épreuves fusent de partout et les amis
       [passent du côté ennemi.
       Dieu garde le silence et semble
       [ne pas prendre ta défense.

Temps de silence, désert,
          [sans aucun repère de délivrance.
          Prends garde à ce que tu confesses,
          L'ennemi guette ce que tu dis !

# LA MAITRISE DE SOI

## **LE DUO**

C'est de l'abondance du cœur que la bouche
[parle.
Les lèvres bougent, or c'est le cœur qui parle.
Pour toute parole, un compte à rendre,
[il insiste.
Christ nous le dit dans Matthieu douze trente
[six.

Dire ou écrire des insanités et en fin de compte
[on périt.
Pour une cure sérieuse, se purifier le cœur avant
[la bouche.
Dans la multiplicité des paroles
Le péché y trouve sa couche.
Garder les portes du cœur,
De lui sont les sources de la vie.

Courtiser la fiancée d'autrui comme si ce fut la
[sienne !
Faire des blagues sexuelles comme si ce fut entre
[intimes !
Indexer ces formes, une harcelée encore une
[victime !
Les légèretés mènent tout droit dans le feu de la
[géhenne.

Ne dis point la mort encore et encore, sinon elle
[viendra.
Hélas ! Des expressions mortelles encore sur les
[langues !
Dis la vie aujourd'hui, toujours, et tout éblouit,
[voilà !
La vie et la mort sont au pouvoir de la langue.


Le cœur concocte, la langue complote.
Le cœur le nourrit, la langue le dit.
Le cœur serre…, la langue flotte…
Or s'il serre la Parole de Dieu dans le cœur,
La langue saine bénit.

## LA DISCIPLINE

Des routines entretiennent la vie.
Le cœur routine dans son battement
[jusqu'à la mort.
L'air rentre et ressort.
Et, ceci n'est du ressort d'aucun homme fort.
Des routines entretiennent la vie.


La discipline se nourrit de bonnes routines.
Répéter avec plaisir, sans se lasser.
Pour réussir, c'est la seule façon.
Les mêmes heures, les mêmes lieux,
[la même façon.
Il faut de la routine pour éviter l'indiscipline.


Les distractions visent le défaut de l'armure.
Vivre dans ce siècle des attractions ; c'est dur.
Nécessaire discipline dans ce monde pervers et corrompu.
Elle s'acquiert dans l'exercice répété et ardu.


La discipline forge le caractère.
La discipline regorge des vertus.
La discipline prépare pour la vie en vue.
La discipline répare les défauts de caractères.

## LA COLERE ; L'ENNEMI DERRIERE 🔊

La colère met-elle à nu ce qui se cache ?

Les lèvres se détachent, les dents ne mâchent
[plus, elles mordent.
On ne mâche plus les mots,
On crache les maux.
Les voix tonnent des tonnes de paroles
[qui s'envolent ;

Leurs rôles ; Alerter quiconque veut l'entendre :
tout va mal !

Une si belle amitié ; détruite par la colère.
Une si belle famille ; divisée par la colère.
Une si belle entreprise ; aplatie par la colère.
Une si belle communauté ; anéantie
[par la colère.

Oh colère ! Mère des paroles amères.
Oh colère ! Qui endurcit plus que du fer.
Oh colère ! Qui t'attaques au vulnérable pardon.
Oh colère ! Mère de multiples rejetons !

Cet homme, cette femme colérique pique
comme la langue d'aspic.
Cet homme, cette femme colérique réplique
avec des propos iniques.

La colère ouvre des portes à l'ennemi.
La colère couvre ces victimes de railleries.
Qui crie plus, feint une fausse braverie !
Qui dit mieux ; stratégie de l'ennemi !

*« Veille sur ton cœur, car de lui sont les sources de la vie »*

*Proverbes 4 : 23*

## LA COLERE MEURTRIÈRE

Les yeux portent du rouge-jauni prêts
          [à en découdre.
Le porteur de colère tempête et frappe
          [comme de la foudre.
Les postillons envenimés humectent
          [qui se met en face.
Le colérique amasse les casses et
          [le mea culpa il l'efface.

La langue enfléchée vomit des paroles rougies.
Les joues se dilatent sous la chaleur de l'ire.
Les lèvres enfiévrées se tapotent sans sourire.
La respiration s'entrecoupe puis reprend ;
          [il se raidit.

Qui se fâche de cette manière perd sa beauté !
Qui se fâche de cette manière perd sa royauté !
Qui se fâche de cette façon perd sa raison !
Qui se fâche de cette façon
          [auprès de Dieu, perd son pardon !

La colère outrée et sa suite tuent physiquement.
La colère outrée et sa suite tuent spirituellement.
Nul ne fait la volonté de Dieu dans la colère !
Nul ne construit une œuvre durable avec colère !

# LES ALLIANCES

## L'ALLIANCE DE SANG

L'extrême et parfaite alliance par effusion
[de sang.
Dieu s'étant fait chair, flagellé et cloué à la croix
[de Golgotha.
Ce sang précieux, plus puissant que tout,
[a ouvert la voie.
Le chemin, Christ Lui-même, qui mène à
[la nouvelle Jérusalem.

Les grands sacrifices souvent exigent du sang.
Les sacrifices diaboliques en font autant.
Mais, ceux-là attirent le malheur et préparent
[pour le feu éternel.
Refuser et fuir ces sacrifices ; c'est sauver
[son âme du feu éternel.

Le sang de Christ seul suffit et ce,
[pour toujours.
Versé à la croix de Golgotha pour nos péchés.
La toute-puissance de ce sang est spirituelle
[et éternelle.
L'unique moyen pour être délivré des iniquités.

Ce sang est la base de l'alliance.
L'alliance entre Dieu et les êtres humains.
Tous les êtres humains sauvés connaissent
[sa force.
Sa force divine fondée par ce sang.

## L'ALLIANCE DU MARIAGE

Fors Dieu, aucun homme n'en serait capable.
Faire preuve d'un tel Amour insondable :
Réunir et unir deux pour n'en faire qu'un :
Des parentés naguère lointaines à présent
[si proches.

On choisit une seule femme parmi toutes ;
On accepte de dire « oui » à un seul époux ;
Après ce « oui » ; plus de recul, ni de doutes.
« Oui » entre deux, sinon trois ; « oui »
[avec Dieu.

La fête s'achève ;
Hormis Dieu, tous partent chacun de
[leurs côtés.
Une fusion intime par effusion de sang.
Une alliance sacrée avec Dieu,
[entre époux et épouse.


La fête brève ;
Seul Dieu reste avec vous et chacun part de
[son côté.
Reflet de Christ et l'église scellés par le sang.
Une alliance sacrée avec DIEU,
[entre époux et épouse.

## OUI DEVANT SEPT TEMOINS 🔊

Il y a deux témoins choisis par les mariés ;
Un troisième, monsieur le maire,
[représentant la société toute entière ;
Un quatrième, la parenté de la mariée ;

Un cinquième, la parenté du marié ;
Un sixième, le Corps de Christ :
[la communauté des rachetés ;
Et, à leur tête, le septième témoin,
[DIEU Lui-même.

    Devant sept (07) témoins vous l'avez dit.

La chériras-tu en tout temps…
[et ne pas la faire maigrir ?
Un « oui » retentit ;
[il vient de l'époux.

Seras-tu à lui seule dans le meilleur
[comme dans le pire ?
Un « oui » resplendit ;
[il vient de l'épouse.

Ainsi, que votre « oui » soit « oui » aujourd'hui
[et pour toujours.
Fermer l'ouïe aux ouï-dire afin d'éviter le pire.
Confiez-vous à DIEU, réjouissez-vous toujours !

Lorsque l'ennemi vous prendra pour cible,
Avec la Bible vous serez plus que vainqueurs.
Fin de la célébration et ils sont tous partis !
Quant à vous, restez unis en Jésus Christ.

Au retour du Seigneur, que l'anneau de la fidélité,
De la pureté et de l'unité scintille à vos doigts.
Avec DIEU, vous ferez des exploits !

# LA FAMILLE

## **PRECIEUSE PRUNELLE**

Précieuse,
Épouse vertueuse rendant ma personne heureuse.
Sœur jumelle de mes défauts et de mes qualités.
Elle pointe du doigt mes erreurs et mon péché.

Prunelle,
Compagne de lutte jusqu'à la demeure de l'Eternel.
Femme de chez moi, fille de mon Père.
Elle connaît Dieu et craint Dieu son Père.

Précieuse,
Dieu l'a créé belle et intelligente.
Une silhouette bâtie par les Mains excellentes.

Prunelle,
Quelle charge de la présenter à Christ irréprochable !
Quelle grâce de la présenter à Christ irréprochable !

## PERE ET MERE

Mon père et ma mère,
Premiers repères dans une société pervertie.
Père et mère,
Merci de m'avoir montré le chemin de la vie.

Père repère à l'image du Père céleste ;
c'est mon père.
Sans ou avec l'aval d'une école pastorale,
Chaque père comme mon père,
        [Prend soin des âmes familiales.

Père repère à l'image du Père céleste ;
        [c'est mon père.
Mère repère, intelligente et vaillante ;
        [l'épouse de mon père.
Elle gère bien des biens limités
        [Pour satisfaire des besoins illimités.

Il est chef, non selon le monde,
        [Mais, selon le Créateur.
Elle est l'aide de mon père
        [qui l'aime de tout son cœur.
Père et mère, premiers repères dans ce monde perverti.

Merci

[De m'avoir donné la vie.

[De m'avoir conduit à la Vie.


Je prendrai bien soin de mon épouse.
Ma sœur fera comme maman.
Maman lui a légué ses vertus.


Mon père et ma mère, mes premiers repères
[sur terre ;
Dons précieux d'Abba-Père !
Je vous aime de tout mon cœur !

## **LA MAISON OÙ IL FAIT BON VIVRE**

Au salon, on joue, on dit tout, on fait tout ensemble.
Au salon, on médite, on discute, on projette, tous ensemble.
Vas-tu sur la toile, vas-y en étant au salon.
La présence de la fratrie te sauvera
[des griffes du dragon.

La cuisine ; l'usine qui produit les bons plats.
Maman la gère ; ménagère-aux-bons-plans.
Maman fait un tour au marché et on se bourre
[le ventre.
Lorsqu'on y entre, on aide, on s'entraide et
[tous sont contents.

À la salle d'eau, c'est le « hors-du-camp » propre.
On y laisse ce qui salit physiquement.
Quand c'est propre, on est propre et c'est propre.
En user est obligatoire, l'entretenir est un devoir.

La chambre des enfants ; après quelques rires
[le calme.
Pas de place pour les téléphones espions et
[de trop.
Tous y trouvent leurs places, petits, grands,
[minces et gros.
La main puissante de l'Eternel étendue protège et
[pourvoit le calme.

La chambre des parents se change selon
[les temps et les saisons.
Chambre haute d'intercession,
Chambre de louange et d'adoration.
Salle d'incubation des projets, de repos
Et, chambre de pro – création.
Père et mère ; premiers repères…
Dieu Lui-même tient leur vision et leur union.

## **PRENDS GARDE, MON FILS !** 🔊

Prépare-toi pour ce noble ministère !
Mon Fils, son Époux, leur Père !

Marche dans les voies de notre DIEU ;
Celles dans lesquelles je te précède.
Bientôt les biceps développés et la voix rauque.
Mais, il faudra encore du temps pour que tu
                      [deviennes un homme.

Marches selon la Parole de DIEU qui t'a créé
                      [Et qui marche avec toi.
Ton élégance, ton éloquence, ton intelligence
                      [te feront connaître.
Mais, prépare-toi, marche avec moi
                      [Et assieds-toi à mes pieds.

Prends garde, mon fils !
Prépare-toi pour ce noble ministère !
Mon Fils, son Époux, leur Père !

Ton épouse sera ton aide, la seule.
Aide, pas moindre que toi !
Aide, pas une esclave pour toi !
Une fille de Dieu, choisie par Dieu pour être
                      [ton aide, la seule.

Passes du temps avec ta famille.
Protège-la comme tes pupilles.
Ils sont ton église, et toi leur pasteur.
Dis et vis « ma maison et moi nous servons
[l'Éternel ».

Lorsque Dieu t'aura béni financièrement,
Aie soin d'aider, de soutenir, de nourrir
[les faibles.
Ne te soumets pas à mammon
[et, à ses tromperies.
C'est le serpent ancien qui séduit, qui détruit.

Prends garde, mon fils !
Prépare-toi pour ce noble ministère !
Mon Fils, son Époux, leur Père !

Recherche l'excellence en toutes choses.
L'excellence fera de toi une référence.
Bannis l'orgueil, le rongeur des bonnes choses.
« La crainte de l'Éternel est le commencement de
[la science ».

Notre Dieu ne se fourvoie jamais.
Garde et prends soin de tes attributs.
Tu es une créature merveilleuse.
Qui détruit son corps, Dieu le détruira !

La pureté est comme une denrée
[souffrant la rareté.
Mais, comment le jeune homme rendra-t-il
[pur son sentier ?
En se dirigeant selon la Parole de l'Éternel.
« Une lampe à tes pieds, une lumière
sur ton sentier ».

*Psaumes 119 : 105.*

« Que ce livre de la loi ne s'éloigne point
[de ta bouche ;
Médite-le jour et nuit pour agir fidèlement selon
[tout ce qui y est écrit ;
Car c'est alors que tu auras du succès
[dans tes entreprises,
C'est alors que tu réussiras ».

*Josué 1 : 8.*


Mon fils, je t'aime !

## PRENDS GARDE MA FILLE !

Prépare-toi pour ce noble ministère !
Ma Fille, son Épouse, leur Mère !

Marche dans les voies de notre DIEU ;
Celles qu'a emprunté ta mère.
Bientôt les pommes s'arrondiront
Et, les formes se feront.
Mais, il faudra encore du temps
[pour que tu deviennes femme.

Ta beauté, tes compétences, ton intelligence
[te feront connaître.
Mais, encore prépare-toi, marche avec ta mère
Et, assieds-toi à ses pieds.
Marches selon la Parole de DIEU qui t'a créé(e)
[Et, qui marche avec toi.

Prend garde, ma fille !
Prépare-toi pour ce noble ministère !
Ma Fille, son Épouse, leur Mère !

Ton mari sera ton chef selon la Bible.
Chef, pas dictateur sur toi !
Chef, pas supérieur à toi !
Un fils de Dieu, établit par Dieu comme chef,
[pas selon le monde.

Priorise ta famille, protège-la comme
[tes pupilles.
Une mère absente rapporte de l'absinthe.
Une épouse absente en fin de compte s'éreinte.
Personne ne peut jouer ton rôle dans ta famille.

Prend garde, ma fille !
Prépare-toi pour ce noble ministère !
Ma Fille, son Épouse, leur Mère !

Lorsque tu mangeras et te rassasieras,
Ne jette pas la nourriture à la poubelle.
Partage avec ceux pour qui tout est dur.
Lorsque tu fêtes, invites à ta table
[le pauvre, l'orphelin et la veuve.

Riche à tous égards, humble, le regard tourné
[vers Christ, Le rempart de ta tête.

Recherche l'excellence en toutes choses.
L'excellence fera de toi une référence.
Bannis l'orgueil, le rongeur des bonnes choses.
« La crainte de l'Éternel est le commencement de la science ».

Notre Dieu ne se fourvoie jamais.
Garde et prends soin de tes attributs.
Tu es une créature si merveilleuse.
Qui détruit son corps, Dieu le détruira !

La pureté est comme une denrée
[souffrant la rareté.
Mais, comment la jeune femme rendra-t-elle pur son sentier ?
En se dirigeant selon la Parole de l'Éternel.
« Une lampe à tes pieds, une lumière sur ton sentier ».

*Psaumes 119 : 105.*

« Que ce livre de la loi ne s'éloigne point de ta bouche ;
Médite-le jour et nuit pour agir fidèlement selon tout ce qui y est écrit ;
Car c'est alors que tu auras du succès dans tes entreprises,
C'est alors que tu réussiras ».

*Josué 1 : 8.*

Ma fille, je t'aime !

## MISE EN GARDE

Une société sans repères se perd.
Une société sans loi se dévoie.
Une société qui n'a pas de règles se dérègle.
Une société qui perd sa morale, va mal.

    Chacun fait ce qu'il veut et ce qu'il peut.
    Plus de repères, tout va de travers.
    Lorsqu'on se lève contre Dieu, on tombe
    [plus bas que terre.
    Après le déluge, le prochain sera un feu,
    [un éternel feu.

Une maison en désordre…
[N'y espérez aucune concorde.
Une maison sans chef
[Une porte sans clefs.
Une maison désunie est en réalité démunie.
Une maison idolâtre livre des générations à
[l'ennemi.

    Chacun sort et rentre quand il veut.
    Lorsqu'un malheur arrive,
    C'est « sauve qui peut » !
    Chacun fait ce qu'il veut et ce qu'il peut.
    Lorsqu'un malheur arrive,
    C'est « sauve qui peut » !

## GROUPE OU EQUIPE

Naturellement donné et détecté ;
Le talent.
Forgée par expérience et par l'instruction ;
La compétence.
Par le choix, et la confirmation ;
La qualité.
Divinement donnée pour l'édification des saints ;
Le don spirituel.
On les retrouve tous dans le groupe.

> L'ignorance s'attaque au talent.
> La négligence s'attaque à la compétence.
> L'orgueil s'attaque à la qualité.
> L'hérésie s'attaque au don spirituel.
> On les retrouve tous dans le groupe.

Besoin d'un chef, un rassembleur.
Besoin d'un chef, un leader-manager.
Besoin d'un chef, un visionnaire.
Besoin d'un-e chef-fe, un-e ami-e, un-e père/mère.

> Une équipe sans vision unique souffre de [divisions.
> Là, où on fuit la vulnérabilité
> Et, où on piétine la redevabilité.
> Une équipe de nom sans chef est un [groupe.

Pire, un groupe sans chef est juste une foule.
De la foule, au groupe puis à l'équipe.
Faire de la communauté, une équipe.
Faire des collègues, une équipe.
Faire de sa famille, une équipe.

> La même vision, unis dans les épreuves.
> Les mêmes missions, unis dans les situations heureuses.
> De la foule au groupe, puis à l'équipe.
> Et, surtout veillez à rester une équipe !

# LA GUERRE

## SITUATION DE CRISE

Le malin et ses acolytes descendent sur la terre,
Animés d'une grande colère,
Car ils n'ont que peu de temps.
Ils endorment, séduisent, car ils leur restent
[peu de temps.

Par des humains comme par des esprits malsains,
ici sur terre.

Belle, mais aussi rebelle.
Son filet grimpant quelques centimètres,
Il devient une ceinture.
Pourtant, le Saint nous veut tous sains et purs.

Un agent des forces de l'ordre et un fraudeur,
Marchant tous deux, comme deux amoureux.
Devons-nous pleurer ou être heureux ?
La supposée autorité se meurt.

L'enseigné hausse fièrement les épaules
arrogantes.
Le maître tremblote et cède sa place à
l'apprenant.
Il vocifère ses droits ravalant ses devoirs en
catimini.
L'instruction constructive suffoque ;
Enfumée par l'ennemi.

Des révoltes secrètement motivées
[En vue de la perdition.
Actes de rébellion contre le Maître de la création.
Modernisation suspecte, accomplissements prophétiques !
Projets secrets concourant à la fin apocalyptique !

## COMME S'IL N'Y AVAIT POINT DE GUERRE INVISIBLE !

Monde des grandes distractions !

Lorsque le téléphone sonne,
Tous deviennent aphones.
Tout s'arrête net, il faut qu'on le décroche.
Sur internet, foisonnent les appâts-accroches.
Hélas ! Des vidéos, des images
[et, autres dévoreurs-de-temps.

Monde des grandes séductions !

Un gilet bien arrondi, une pupille si sensuelle
[feignant le bonheur.
Le sexy arrondi, le rouge-à-lèvre léché,
[l'émail blanc bien taillé.
Gestes et paroles hypocritement intéressés.
Hélas ! Les bonnes mœurs en déclin tandis que
[l'impudeur raille en cœur.

Cercle des impitoyables compétitions !

L'homme grand à tous égards
[attirant tout regard.
Il se donne de la valeur,
Il porte des objets de valeur.
Sous ses pieds,
[suffoquent des victimes en chœur.

Hélas ! Tout ce qui importe,
[c'est porter le brassard.

    Cercle des impitoyables dérisions !

Comme si tout est pour la terre et point de cieux.
Moult théories se moquent de Dieu
[et, ceux qui le cherchent.
Des moqueurs parmi les impies
Et, certains faux qui le prêchent.
Hélas ! On se moque de Dieu, Dieu des cieux.

Et tout ceci passe inaperçu !
Des camouflés qui influencent le visible.
Le monde va au-delà du perçu.
Il existe bien une guerre invisible.

## **TROC ILLICITE**

Point issu d'un plébiscite, plusieurs le pratiquent.
Il naît par mauvaise foi et dans la paresse.
Il existe par mauvaise foi et par la bassesse.
Oh ! Corruption ! tu détruis nos nations !

    Sbire corrompu, pillard en liberté !
    Enseignant corrompu, élève mal formé !
    Pasteur corrompu, peuple affamé !
    Ancien corrompu, descendant déraciné !

    Juge corrompu, juste malheureux !
    Soignant corrompu, plaie qui pue !
    Donateur corrompu, paresseux repu !
    Peuple corrompu, pays cagneux !

Quelle différence y'a-t-il entre eux et nous.
Si on se courbe devant le même mammon ?

Cachée ou ouverte, disons non à la corruption !

## CAPTIF

Ils l'ont trouvé errant sans maître et sans
[berger.
Ils lui ont enchaîné les pieds, les genoux, les
[bras, le cou.
Ils lui ont donné un père Lucifer et une nouvelle
[identité.
Ils lui ont donné une mission, servir son père
[partout.

Les menottes ne sont guère visibles,
[et pourtant réelles.
Le cachot n'est guère visible, et pourtant réel.
Ce prisonnier n'est guère le seul, ils en veulent à
[tous.
Pour mieux les diriger, ils mettent un mors
[à la bouche.

Les pieds le traînent là où il ne faut pas.
Il tire le cou et regarde ce qu'il ne faut pas.
Ses pensées subtilement influencées le poussent
[aux faux pas.
Ainsi ces bourreaux qui l'observent,
[rient aux éclats.

Lui, au chaud cachot de la colère.
Elle, enfouie dans la prison du manque
[de pardon.
Lui, dans les liens des images et
[scènes obscènes.

Elle, dans la cellule des mensonges et des
[médisances.

Lui, dans la cellule où tous suffoquent.
Or, nul n'arrête la cigarette ; c'est la prison.
Là, ils sont au département des addictions.
Eux, autour de la bière, aussi en prison.

Ne referme pas ta Bible, sinon se refermeront
[tes yeux.
Il faut bien des soldats de lumière pour les
[libérer.
Libérer ces prisonniers, c'est le vœu de Dieu.
Il dit « qui enverrais-je » pour les libérer ?

# LA PRIÈRE

## **BRULE AU-DEDANS DE MOI**

Je passe au milieu de ma ville.
J'entends des paroles honteuses et viles.
Que profèrent ceux qu'on dit être à la page.
Ils ne cherchent point Dieu ; c'est dommage !

Je passe au milieu de ma ville dénudée.
Çà et là ; des habits de ver-de-terre.
Ces mêmes mises dépeintes sur
　　　　　　　　[des pancartes publicitaires.
Après ces styles, paraîtront d'autres de plus osés.

Je passe par les ruelles de ma ville.
La plupart ne font aucun cas de Dieu.
Certains le disent mort, d'autres disent qu'Il dort.

Je passe par les ruelles de ma ville.
Partout des bon-diseurs-de-versets et de
　　　　　　　　[prophéties enivrantes.
Ils prêchent pour les dîmes et les offrandes.

Je passe au milieu de ma ville connecté.
Chacun enfoui dans son téléphone,
　　　　　　　　[toujours connecté.
Dans leur labyrinthe, plusieurs s'y perdent loin
　　　　　　[de Dieu.

Je passe par les ruelles de ma ville.
La violence s'est encore accrue depuis l'autre
[jour !
L'autorité humaine est bafouée et en premier,
[la suprême Autorité.

Je passe au milieu de ma ville.
J'ai les entrailles qui brûlent au-dedans de moi.
J'ai le cœur qui brûle au-dedans de moi.

## **FAITES TOUTES SORTES DE PRIERES** 🔊

Il arrive des temps où la prière est interne.
Seules les lèvres battent et le sifflement
[force sa voie.
Dieu cache notre cas au prophète qui discerne.

Certaines prières demandent de la persévérance.
Intercéder jusqu'à ce que l'exaucement frappe à
[la porte.
Souvent, il faut s'unir à une sainte cohorte.

D'autres consistent à garder le silence dans
[la présence de Dieu.
Juste nous disposer à écouter la voix de Dieu.
Taire nos ambitions et passions,
[Et, laisser Dieu nous orienter.

Certaines prières demandent qu'on reste
[seul avec Dieu.
Personne ne nous comprend, aucun ne puisse
[nous soutenir.
Dieu nous veut là à ses pieds, seul avec Dieu.

D'autres demandent de porter le sac.
S'humilier dans le jeûne et dans la prière.
Il y a des délivrances qui ne passent que par là.

Au regard de ce qu'Il est et ce qu'Il est
[à même de faire.
On se prosterne et on se met dans la poussière.

Aucune parole ne sort, juste aplatie dans la poussière.

Des fois, on le fait au nom de tous.
D'autres fois, d'autres le font en notre nom.
*Jacques 5 : 16*

L'un ou l'autre, nous le faisons au Nom de Jésus Christ.
*2 corinthiens 1 : 20*

Il existe encore bien de façons !
Et, *Sans la foi, nul ne peut plaire à Dieu !*
*Hébreux 11 : 6.*

*Sans la sanctification, nul ne verra Dieu !*
*Hébreux 12 : 14.*

## SEIGNEUR ! UN MIRACLE 🔊

Ce n'est ni par ma force, ni par mon intelligence,
Mais, par ton secours, ton intervention…
[Notre Dieu.

Seigneur, un miracle…
Que mon père se convertisse !
Seigneur, un miracle…
Que mon ami soit à Christ !
Que mes enfants deviennent aussi fils et filles
[de Dieu !

Seigneur, un miracle pour ma nation !
Qu'on dise de nous : heureuse la nation
[dont l'Éternel est Dieu !
Que les autorités te craignent !
Et, que les leaders deviennent pieux !

Seigneur, un miracle…
Pour ce cas de maladie,
Les médecins avouent leurs limites.
Toi, Dieu sans limites, viens et guéris.
Je le crois…
Par tes meurtrissures nous sommes guéris.

Seigneur, un miracle…
Pour sauver mon mariage,
Sauvés du divorce,
Délivrés des forces qui attaquent ma famille.

Je le crois...
De toi les sources de toutes familles.

Seigneur, un miracle...
Pour me délivrer des ennemis si nombreux.
Ligués contre moi par un chemin,
Qu'ils soient dispersés par sept chemins.
Je le crois...
Tu es le Dieu qui secourt
[dans la détresse et du feu.

                                              AMEN

# LE SIÈCLE PRÉSENT

## LE MONDE CHANGE 🔊

Le monde change et dérange l'ordre divin.
La chair s'y délecte en quête de plaisir malsain.
Ainsi, s'établit ce nouvel ordre dicté par le malin.
Le monde changeant... et soudain ce sera la fin.

                L'homme imite Dieu avec orgueil.
                Et, se vantant de grandes merveilles.
        L'invasion du savoir-faire artificiel plaît à tous.
          La confusion qui en résulte, on paye tous.

Les versions améliorées foisonnent et
                    [impressionnent.
Quel progrès qui plaît, distrait et empoisonne !
Des êtres développés pouvant tout faire et vite !
Des aliments améliorés qui rassasient bien vite !

                L'ère de la machinisation !
                  L'ère de la robotisation !
          L'ère de l'intelligence artificielle !
       L'ère nouvelle de la nouvelle « Babel » !

Des aliments modifiés génétiquement.
Une poule sans coq qui pond prestement.
Produire massivement... peu importe
                    [les conséquences.
Son issue ; le raccourcissement de l'espérance de
                    [vie.

Une allure nouvelle qui présage une tournure
[mortelle.
Les nouvelles en un clin d'œil parcourent le monde.
Tout évolue, tout progresse… quelle destination ?
[Aucun ne sonde !
Bientôt ce sera la fin de tout… deux destinations :
toutes deux éternelles.

Le choix ; c'est aujourd'hui : choisis la vie,
la vie éternelle !

Vous, mon juste,
Vous vivrez par la foi !
Vous, mon peuple,
Sortez du milieu des rebelles !
Vous, mes saints,
Soyez pour eux la lumière et le sel !
Vous, mes amis,
Obéissez et espérez mon retour avec foi !

Maranhata ! Jésus-Christ est à la porte !

## LE TEMPS DES GRANDES PRESSIONS

Mère malade, et le riche-donateur exige
[une balade entre amants.
Pas de boulot, et on dit : pas d'embauche
[sans débauche !
Convaincus de prendre la voie étroite,
[or tous virent à gauche.
Le sexe dans le mariage,
[or tous les amis l'ont connu avant.

Le numérique me rend accroc,
J'en consomme de trop.
Que faire ?
Tous sont connectés,
Tous sont décolletés.

Nier sa foi avec cet habit à la mode,
En vrai, la décence démode.
Faire comme les ados de mon quartier,
Tous arrogamment culottés.

Le riche qui finance le ministère
[pousse aux compromis.
Petits christs !
Veillez à ne devenir des petits loups.

L'obtention de la bourse conditionnée par la
[fraternité.
Entre-temps, les prédécesseurs appellent de
[l'autre rive.

Á nos oreilles, on dit « juste ceci et c'est tout ».
Or, on ne dit pas tout.
Et, on ne sait pas tout.
On prend conscience lorsque la corde est déjà
[au cou.

Signez juste là, répétez juste ça après moi...
Le « ça » appât menant au trépas.
Sans réflexion, on passe à l'action.
Et après, la note salée tombe...

Ne te compromets pas petit(e)-christ ;
[sois fort(e).
Quelque part, le même défi a été surmonté par
[un(e) comme toi.
Un jour, pendant qu'on s'y attend le moins,
[ce sera la fin de tout.
Une récompense sera donnée à qui aura vaincu
[la grande pression.

## SODOME ET GOMORRHE

Il existait deux villes : Sodome et Gomorrhe.
Ces habitants s'enivraient de luxure
[contre-nature.
Leurs sols tout comme leur cœur devinrent durs.
Dieu déploya contre eux la mort.

Notre société, sur la voie
[de Sodome et Gomorrhe.
Besoin urgent d'un intercesseur
[comme l'oncle de Lot !
La morale pique comme à l'époque de Lot.
Notre société, menacée comme Sodome et Gomorrhe.

Église de Christ ! Épouse de Christ !
Ne livre pas tes filles, lève-toi avec dignité !
N'expose pas tes filles, prêche avec autorité !
Dis les choses conformes à la saine doctrine
[de Christ !

Le sort, si rien n'est fait, c'est le feu
[pour détruire.
Prophétisons-donc au milieu de nos
contemporains.
Prétendre aimer hors de la vérité ; c'est séduire.

Et ne rien dire, c'est nous réduire à rien.
Si l'homme de cette ère irrite Dieu de la sorte,
Ce sera donc le même sort comme à Sodome et
[Gomorrhe.

# LA FIN DE TOUTES CHOSES

## ET S'IL REVIENT UN JOUR DE FÊTE ?

Et, si Jésus Christ revient un jour de fête ?
C'est le jour où un peu, on perd la tête.
C'est le jour où un peu, on s'entête.
Et, si Jésus Christ revient un jour de fête ?

Le jour de la fête ; l'ennemi le guette.
Pour la fête, on s'endette en quête de plaisirs.
On ne pense plus, on dépense
[en quête de plaisirs.
C'est alors que pointe à l'horizon, la disette.

La nuit de toutes les orgies ; à la vie cela nuit.
La boisson forte... en boire à l'excès
[et, pour un rien on s'emporte.
La nuit de toutes les folies ; à la vie cela nuit.
Jour de fête, multiplicité des œuvres mortes !

Jour de fête,
Les parents habituellement prévoyants,
Laissent leur jeune fille aux mains
[de ses camarades.
Elle part fermée, pure, innocente et religieuse.
Elle revient ouverte aux vices, impure
[et irréligieuse.

Jour de fête,
[Les parents habituellement prévoyants,
Laissent leur jeune garçon aux mains
[de ses camarades.
Il part lucide, sobre, innocent et religieux.
Il revient avide, dans l'opprobre, impur
[et irréligieux.

Et, si Jésus Christ revient un jour de fête ?
Seigneur, apprend-nous à être sages
[pour faire de bons choix.
Sauveur, délivre-nous des pièges subtils,
[et des attaques déclarées.

*« Enseignes-nous à bien compter nos jours afin d'appliquer notre cœur à la sagesse »*

*Psaumes 90 : 12*

## UN JOUR DEVANT TOUS 🔊

Un jour devant tous,
Les verrous de tes mots de passe sauteront.

Un jour devant tous,
Les messages iniques effacés réapparaitront.

Un jour devant tous,
On saura avec qui tu flirtais dans le secret.

Un jour devant tous,
On saura que tu as fait de la haine, un décret.

Un jour devant tous,
L'argent qui t'a ouvert les portes, te fermera
[la porte.

Un jour devant tous,
La main magique qui terrasse les foules
[t'aplatira au pied de la cohorte.

Un jour devant tous,
L'éloquence orgueilleuse pour haranguer
[les foules te rendra sans voix.

Un jour devant tous,
T'abandonneront les œuvres magiques
[que tu emploies.

Un jour devant tous,
Cette opulence qui t'alourdit ;
[ce jour, ne fera pas le poids.

Un jour devant tous,
Ces paroles obscènes que tu dis sans gêne
[parleront contre toi.

Un jour devant tous,
Missionnaire démissionnaire,
[des voix accusatrices diront : c'est toi !

Un jour devant tous - Un jour devant tous !

…

Ces paroles jouent le rôle d'appel-à-repentir
[pour toi et moi.
Si tu confesses et te repens de tes péchés,
Si tu les délaisses et reprends la voie vraie
[de la vérité.
Dieu t'exaucera, Jésus-Christ te purifiera
[et, l'Esprit-Saint te conduira.

AMEN !

## A QUOI CELA SERVIRAIT ?

À quoi cela servira de gagner le monde,
[si on perd son âme ?
S'échiner à travailler jour après jour,
[corps et âme.
À telle enseigne qu'il n'y a plus de place
[pour ton Seigneur.

À quoi cela servira de gagner le monde,
[si on perd son âme ?
Donner des coups de canif dans
[le contrat matrimonial.
À telle enseigne que l'adultère est ta notoire
[et noire identité.

À quoi cela servira de gagner le monde,
[si on perd son âme ?
Faire tout ce qui est possible pour être
[à la cime des renommées.
À telle enseigne que le vertige de l'orgueil
[fait déjà tourner tes yeux.

À quoi cela servira de gagner le monde,
[si on perd son âme ?
Obtenir le miracle tant recherché
[et, être actif pour être vu.
Et au dernier jour d'entendre effroyablement
« Je ne t'ai point connu ».

À quoi cela servira de gagner le monde,
[si on perd son âme ?
S'attacher à l'ami(e) qui te pousse au péché.
Une pierre d'achoppement à esquiver
[en vue d'hériter, en Christ, l'éternité.

# LE JUSTIFIÉ

## ETAPE PAR ETAPE

J'ai sous les yeux des choses obscènes.
Ayant la mémoire toute remplie de pensées
[iniques.
Je tombe, me relève, tombe et toujours les
[mêmes scènes.
Ayant à chaque chute des malformations
[iniques.

Et, c'est là qu'

Il m'a trouvé dans la pauvreté et avec un cœur
[âpre.
Il m'a trouvé dans la souillure et avec un cœur
[noir.
Il m'a trouvé empoisonné au fond d'une prison
[noire.
Il m'a trouvé mort avec un cœur déjà verdâtre.

Et,

Il m'a sauvé par grâce par le moyen de la foi.
Je suis cohéritier avec Christ par la foi.
Je suis par Celui qui vit éternellement, oui.
Oui, Il m'aime, je l'aime, Il marche avec moi.

Ainsi,

Évangéliser n'est plus une option,
C'est notre grande commission.
Se sanctifier n'est pas une option,
C'est la seule condition.

Demeurer soldat de Christ luttant
[non pas contre la chair et le sang,
Mais, contre les agents de satan au Nom de
[Jésus-Christ.

      Un jour, pendant qu'on s'y attend le peu,
                                [Il sera là.
          C'est pourquoi, soyons tous prêts,
                                [Frères et sœurs.
Un jour pendant qu'on dira paix et sureté,
                                [Il apparaîtra.
       Où que nous serons, Il nous trouvera.

## LE PALMIER

Les palmes applaudissent victorieuses.
Elles acclament toutes heureuses tout autour.
Un rameau qui fixe les yeux aux cieux.
Jusqu'à la fin de ses jours, le palmier porte
[des fruits.

Son stipe grandit et se débarrasse des œuvres
[des palmes mortes.
Sa tige cache le cœur du palmier bon et doux.
Escarpée encore jeune, elle devient lisse
[Au fil des années.
Elle soutient l'ombrage palmé, apprécié de tous.

Ces racines cousues dans le sol.
Fixer le palmier et le nourrir ; chacune à son rôle.
La principale, même taille que la tige,
[s'enfonce droitement.
Dans le désert comme en terre prospère,
[elle va profondément.

Demeurez planté dans les parvis de votre DIEU.
Cherchez votre subsistance dans les tréfonds de
la Parole de DIEU.
C'est alors que vous grandirez
[Et, vous fortifierez.
Les œuvres mortes tomberont au fur et à mesure
[que vous croîtrez.

Tel l'humus des palmes mortes produit
[de l'engrais.
Ainsi, la mémoire de votre passé
[deviendra un témoignage vrai.

Sous votre ombrage sûr et pur,
[reposeront vos frères et sœurs.
Dans la victoire, vous bénirez chaque jour
[Jésus Christ, votre sauveur.

Ayez vos yeux rivés sur Dieu ;
Dieu créateur des cieux et la terre.
C'est alors que vous porterez du fruit
[jusqu'au retour du Seigneur.

Votre cœur sera doux et bon
[pour ne pas méditer le mal.
Quelle que soit la tempête,
[vous resterez debout aider par le Seigneur.

>                          ...comme un palmier.

## DIT EN QUELQUES MOTS

Raconté en un clin d'œil tant d'années passées.
Déclamé en un clin d'œil, tant de temps passés.
A brûle-pourpoint,
[un tonnerre d'applaudissements.
Des hourrahs forts et cadencés
[qui montent d'un cran.

Peuples, applaudissez et poussez des cris
[de joie !
Sages, louez et élevez des prières
[au Roi des rois !
Peuples, hurlez et tressaillez d'émotions !
Sages, dites les bienfaits du Dieu des nations !

Tous le rapportent, mais ses acteurs le prêchent.
L'espérance, la persévérance en sont la crèche.
Voilà parvenu à maturité,
Il témoigne Dieu dans sa fidélité.

Voyez-vous ! Dieu en construit un avec vous.
On console lorsqu'on sait d'où
[proviennent les larmes.
Votre parcours devient un témoignage.
Vos expériences deviennent
[un puissant message.

# LA NATURE

## MERVEILLES

Le soleil pointe derrière les collines
[liées en dents de scie.
S'il apparaît d'un coup,
notre vue prendrait un coup.

Sur terre,
Il sort, réchauffe, gratifie l'homme
[de lumière multifonction.
La lune et les étoiles prennent le relais
[la nuit tout au long.

Les senteurs fraîches et les couleurs
[dans la nature.
Depuis le commencement, elles perdurent.
La verdure de son vert ravive les mœurs fanées.

Le crépitement des petites vagues berce
[les pensées lassées.
Les fleurs parsemées dans la verdure suscitent
[l'envie de voir.

Les abeilles roucoulent
[tout autour pour le nectar et l'agréable senteur.
Les rossignols de leurs chants psalmodient
[le créateur.

Musique de bonheur, de bonne heure
[et, musique le soir.
Belle nature, créée par le Parfait créateur.

Le ciel bleu
[griffonné de nuages nous recouvre non loin.
Plus on s'en rapproche, il saute plus loin.

Cette suite
[revigore le randonneur et le remplit d'espérance.
Espérant en Dieu dont la demeure est
[céleste et parfaitement merveilleuse.

## LES FLEURS DU JARDIN

Le jardin est recouvert de belles fleurs.
Le créateur les chérit et veille sur elles.
Un jardinier s'en occupe de tout son cœur.
Les fleurs jubilent pour dire merci à l'Éternel.

Les fleurs, des petites et des grandes.
Les fleurs de différentes couleurs.
Elles offrent chacune une unique et agréable
[senteur.
Elles sont jolies, petites et grandes !

Elles ne sont pas à vendre et ni à flétrir.
Elles doivent être chéries de tout cœur.
Chaque jour, elles offrent du bonheur !

Qui en veut, obtient une seule !
Sa présence rend la vie plus belle.
Les fleurs du jardin sont toutes belles !

## LEÇONS DANS LA NATURE

La nuit davantage noire
[révèle l'éclat brillant des étoiles.
Les ténèbres s'intensifient, les fils de Dieu
[se révèlent.
La mouche bruyante piégée dans les toiles.
Même risque pour ceux en quête de sensations
[nouvelles.

Le sable de la plage indénombrable.
Ainsi, les mystères sur Dieu, impénétrables.
Chaque matin, le réveil de l'oiseau en chanson.
S'exercer à la louange matinale
[muni de chanson.

Le soleil le jour et la lune la nuit,
Chacun dans son rôle.
La troupe de buffles face aux lions,
L'union fait la force.
Les persévérantes gouttes d'eau continuent
[creusant le rocher,
L'effort paye.

Le soleil à une distance réglée,
Dieu existe en vérité.
Le ciel sans fin, son Créateur sans fin
[et ce, pour l'éternité.
L'air pour tous, être bon envers tous.

## **PATRIMOINE PIETINÉ** 🔊

Autrefois, ici et là, une multitude d'arbres.
Il existait une raie entre l'homme et la forêt.
Par la suite, les machettes de l'homme
[l'ont fait saigner.
Pour tracer leurs voies, ils l'ont rendue chauve.
Apprivoiser, plutôt emprisonner ses fauves.

Ses résidents suffoquent à cause de la fumée.
Les gangs-pollutions pourchassent l'oxygène.
Citadiniser davantage, et se priver
[D'avantages qui rendraient notre vie saine.

Le soleil crache de son soufre.
Sans protection, la terre en souffre.
Les mers régurgitent les sachets plastiques.
Dans leurs ventres, une profusion d'autres
[déchets toxiques.

Les nomades nuages-pluvieux s'égarent
[Rendant les pluies de plus en plus rares.
L'homme gourmand fait le plein d'aliments
[Dans son ventre, dans le grenier,
[Puis, il convoite
[ceux de ses arrières petits-enfants.

Un dérèglement climatique.
Des malformations ataviques.
Des disparitions d'espèces.

L'apparition de nouvelles maladies.
Les sources d'eau se raréfient.
Des futures générations sacrifiées.

« Aussi la création attend-t-elle avec un ardent désir la révélation des fils de Dieu »
Romains 8 :19

## EN PRIERE ?

Dieu cherche un intercesseur.
Un intercesseur, priant avec le cœur.
Le cœur bien disposé et les mains pures.

Dieu cherche une sentinelle.
Une sentinelle, veillant depuis la tour de la
[nation.
La nation sous la protection de l'Eternel.

Dieu cherche un ami.
Un ami, à qui dire ses desseins.
Ses desseins divins pour le salut de l'être
[humain.

Cherchant Dieu avec sincérité.
Dieu se laisse trouver par celui qui le cherche ;
Dieu cherche un cœur avide qui le cherche.

Avec persévérance dans ce lieu secret.
Avec déférence à Dieu.
Avec obéissance à Dieu.

La sanctification, une obligation.
Le Saint-Esprit, le guide, la force, l'onction.
Jésus-Christ, le oui et l'Amen.

## TABLE DES MATIERES

REMERCIEMENTS ........................... 7
PROPOS PRELIMINAIRES .............................. 8
PREFACE ...................................................10
ENDORMIE ...............................................13
1. LE SERVITEUR DE DIEU ...........................15
   La vie d'un serviteur de Dieu .....................16
   Ta première église : ta famille ...................18
2. LES EPREUVES........................................21
   Le temps de Dieu....................................22
   A l'école du Seigneur ..............................24
3. LE SILENCE DE DIEU ................................27
   Dans le silence .......................................28
   Dieu dans le silence................................29
4. DANS LA SYNAGOGUE .............................31
   Le culte des muses..................................32
   Rassemblement hebdomadaire .................33
   Celles qui font tomber les rois ...................34
5. L'EPEE VIVANTE .....................................37
   La parole de Dieu....................................38
   Le laboureur-semeur ...............................40
6. FOI ET SCIENCE......................................41
   Instruments stratégiques pour Jésus-Christ.42

| | |
|---|---|
| A l'université de Babylone | 44 |
| **7. LA SEDUCTION** | **47** |
| Tout commence par un sourire | 48 |
| Miel amer | 50 |
| Apparence trompeuse | 52 |
| Divin et devin | 53 |
| Pièges à tes portes | 55 |
| **8. LA MAITRISE DE SOI** | **57** |
| Le duo | 58 |
| La discipline | 60 |
| La colère; l'ennemi derrière | 61 |
| La colère meurtrière | 63 |
| **9. LES ALLIANCES** | **65** |
| L'alliance de sang | 66 |
| L'alliance du mariage | 67 |
| Oui devant sept témoins | 68 |
| **10. LA FAMILLE** | **71** |
| Précieuse Prunelle | 72 |
| Père et mère | 73 |
| La maison où il fait bon vivre | 75 |
| Prends garde, mon fils ! | 77 |
| Prends garde, ma fille ! | 80 |
| Mise en garde | 83 |
| Groupe ou équipe | 84 |

## 11. LA GUERRE ..................................... 87
Situation de crise ..................................... 88
Comme s'il n'y avait point de guerre invisible !
..................................... 90
Troc illicite ..................................... 92
Captif ..................................... 93

## 13. LA PRIÈRE ..................................... 95
Brûle au-dedans de moi ..................................... 96
Faîtes toutes sortes de prières ..................................... 98
Seigneur ! un miracle ..................................... 100

## 14. LE SIÈCLE PRESENT ..................................... 103
Le monde change ..................................... 104
Le temps des grandes pressions ..................................... 106
Sodome et Gomorrhe ..................................... 108

## 15. LA FIN DE TOUTES CHOSES ..................................... 111
Et s'il revient un jour de fête ? ..................................... 112
Un jour devant tous ..................................... 114
A quoi cela servirait ? ..................................... 116

## 16. LE JUSTIFIÉ ..................................... 119
Etape par étape ..................................... 120
Le palmier ..................................... 122
Dit en quelques mots ..................................... 124

## 17. LA NATURE ..................................... 125
Merveilles ..................................... 126

Les fleurs du jardin ................................ 128
   Leçons dans la nature ........................... 129
   Patrimoine piétiné ................................ 130
EN PRIERE ? ............................................. 133
TABLE DES MATIERES ............................... 135